SOCIÉTÉ NATIONALE D'AGRICULTURE DE FRANCE

(SÉANCE PUBLIQUE ANNUELLE DU 30 JUIN 1886)

NOTICE BIOGRAPHIQUE

SUR

ALPHONSE LAVALLÉE

TRÉSORIER PERPÉTUEL

DE LA SOCIÉTÉ NATIONALE D'AGRICULTURE

PAR

M. HENRY L. DE VILMORIN

PARIS

HOTEL DE LA SOCIÉTÉ

18, RUE DE BELLECHASSE

1886

NOTICE BIOGRAPHIQUE

SUR ALPHONSE LAVALLÉE

SOCIÉTÉ NATIONALE D'AGRICULTURE DE FRANCE

(SÉANCE PUBLIQUE ANNUELLE DU 30 JUIN 1886)

NOTICE BIOGRAPHIQUE

SUR

ALPHONSE LAVALLÉE

TRÉSORIER PERPÉTUEL

DE LA SOCIÉTÉ NATIONALE D'AGRICULTURE

PAR

M. HENRY L. DE VILMORIN

PARIS

HOTEL DE LA SOCIÉTÉ

18, RUE DE BELLECHASSE

1886

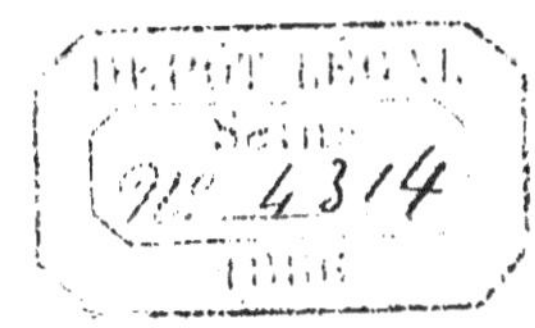

NOTICE BIOGRAPHIQUE

SUR ALPHONSE LAVALLÉE

C'est une tradition dans la Société nationale d'agriculture, et certainement une de celles qui lui font le plus d'honneur, que d'encourager et d'accueillir avec une grande largeur de vue les hommes qui, dans le domaine de l'agriculture, se sont engagés dans des voies spéciales, rarement parcourues par le plus grand nombre. Elle leur fait un mérite de l'originalité de leurs recherches, et avec raison, car elle reçoit souvent elle-même un nouveau lustre de la présence dans son sein de ces volontaires de l'étude qui, en dehors de la pratique courante de la culture ou de l'enseignement des sciences qui l'éclairent, se sont fait un nom connu par des recherches aussi persévérantes que désintéressées.

Il serait difficile d'en trouver un exemple plus frappant que celui qu'offre la vie d'Alphonse Lavallée. Jeune, riche, indépendant, il s'est adonné à l'étude des

arbres, a entrepris la création de vastes collections vivantes, et, ce qui pouvait passer aux yeux du vulgaire
frivole pour une bizarrerie et une fantaisie coûteuses,
est devenu un éminent titre de gloire pour lui-même et
pour les Sociétés qui lui avaient ouvert leurs rangs. Le
sentiment de sa propre valeur et celui des devoirs qu'im-
pose une position sociale élevée l'ont poussé à accom-
plir une œuvre utile, au prix même de grands sacrifices
de temps et d'argent, et il a reçu de ses travaux une
récompense méritée dans la notoriété qu'il en a retirée,
dans vos suffrages et dans le développement même de
sa propre valeur scientifique. Car on peut dire que l'*Arboretum* de Segrez, commencé par un jeune homme
curieux d'apprendre, organisé, continué et agrandi par
un amateur éclairé, a été terminé, classé définitivement,
et décrit par un maître en arboriculture et par un véritable botaniste. L'œuvre a réagi sur son auteur. C'est
ainsi qu'un noble but, choisi avec discernement et pour-
suivi avec énergie, élève celui qui se l'est proposé
comme terme de ses efforts.

Au début de sa carrière, Alphonse Lavallée n'a pas
manifesté tout d'abord de penchant prononcé pour l'étude
des sciences. Il naquit, en 1836, à l'École centrale des
arts et manufactures, dont son père, homme d'un mérite éminent, était le directeur, après en avoir été l'un
des fondateurs. Tout semblait se réunir pour attirer le
jeune Lavallée vers les sciences et leurs applications à
l'industrie ; mais son esprit se tournait d'un autre côté,
et la botanique seule présentait pour lui un certain
attrait. Son goût pour cette science reçut tous les en-
couragements possibles ; il fut présenté par son père à
plusieurs botanistes de mérite, et entre autres à MM. De-

caisne et Brongniart, sous la direction desquels il commença des études qui devaient l'amener à connaître les végétaux ligneux rustiques aussi bien, sinon mieux, qu'aucun de ses contemporains. Il eut pour maître particulier, dès le commencement de ses études botaniques, M. François Hérincq, aujourd'hui encore attaché au Muséum d'histoire naturelle, qui devait être jusqu'au dernier jour son ami fidèle et son utile collaborateur. La forme attrayante que M. Hérincq sut donner à ses leçons ne contribua pas peu à fortifier le goût du jeune Lavallée pour la botanique.

Dès les premiers pas de celui-ci dans la science, l'étude des végétaux dans leurs rapports avec les conditions extérieures de la vie s'était imposée à son attention, et il s'était tourné tout de suite vers l'étude de la végétation des montagnes, particulièrement intéressante en ce que, dans un espace relativement restreint, elle présente une série d'habitats aussi différents par le climat que par les circonstances diverses d'exposition et de terrain. Ses premières vacances d'étudiant furent consacrées à un voyage dans les Alpes, qu'il entreprit avec une ardeur de néophyte, affrontant toutes les fatigues et même tous les périls : il visita les montagnes de la Savoie, les massifs du Mont-Blanc et du Mont-Rose, et poussa ses explorations jusqu'à l'Engadine et aux Alpes du Tyrol, modifiant son itinéraire quand il pensait avoir une observation utile à faire, et allant si bien au bout de ses forces et de ses ressources que, faute de prendre le temps de se faire envoyer des fonds de Paris, il rentrait enfin chez son père, fatigué, la bourse vide et les vêtements si usés, qu'il avait peine tout d'abord à se faire reconnaitre pour le fils de la maison.

Mais, de ce voyage si impétueusement exécuté, il rapportait de précieux éléments de travail. C'étaient d'abord des échantillons d'herbier recueillis avec méthode et indiquant les conditions de vie convenant spécialement aux différentes espèces, puis des plantes et des arbustes vivants, qui, plantés à son retour, formèrent le premier noyau de collections destinées à lui faire plus tard le plus grand honneur. C'étaient enfin des observations faites dans ses ascensions, et qui trouvèrent place dans diverses notices sur des plantes alpines, notices qu'il fit paraître dans *l'Horticulteur français*, journal de son ami Hérincq.

Malgré la jeunesse de l'auteur, ce n'était pas là sa première publication. Le même recueil avait déjà donné de lui précédemment, en 1856, une étude morphologique sur la rose verte, une singulière variation de la rose du Bengale. Dans cette bizarre monstruosité, on peut suivre plus facilement que nulle part ailleurs les diverses modifications par lesquelles la feuille, cet organe fondamental, se transforme dans les diverses pièces qui composent la fleur normale du rosier.

L'étude des plantes alpines, voilà, à cette époque, la préoccupation dominante d'Alphonse Lavallée. Il avait conçu le plan d'un grand travail descriptif des espèces qui rentrent dans ce vaste cadre, s'occupait de déterminer ses propres récoltes et augmentait sa collection d'espèces vivantes par les envois qu'il se faisait faire des pays d'origine. Il était resté pour cela en relations avec les guides qu'il avait employés dans ses courses en montagnes. Mais des difficultés de diverses natures, dont la pricipale consistait à conserver vivantes chez lui les plus intéressantes de ses plantes alpines, le détournèrent de l'étude de la flore des montagnes et concentrèrent son attention sur les végétaux ligneux rustiques.

Pour encourager les efforts de son fils dans cette nouvelle direction, M. Lavallée mit à sa disposition une partie du parc de Segrez, dont il avait fait récemment l'acquisition ; il avait même installé dans sa propriété une exploitation agricole dont A. Lavallée devait avoir la direction. Mais, comme on l'a vu, ses goûts l'entraînaient bien moins vers l'agriculture que vers l'étude des arbres, et c'étaient, dès ce moment, ses plantations de végétaux ligneux qui absorbaient surtout son temps et son attention. C'est pourtant de cette époque que datent ses études sur une nouvelle plante fourragère, le *Brome de Schrader*, qui lui a fourni le sujet de sa première communication à la Société d'agriculture. Dans le mémoire présenté par lui à la Société, et dans la brochure accompagnée d'une planche qui en est le développement, on trouve l'empreinte de son esprit d'observation sagace et précis, avec un certain enthousiasme qu'expliquait la jeunesse de l'auteur et que justifiaient, du reste, les résultats très frappants donnés par les premiers essais de culture de la plante nouvelle. Aujourd'hui, après vingt ans d'expérience, on n'attribue plus qu'une place très secondaire à ce fourrage, vraiment intéressant pourtant par les coupes très précoces et très tardives qu'il fournit. Si, maintenant, il est peut-être trop délaissé après avoir été trop vanté, il faut nous souvenir qu'il y a vingt ans, A. Lavallée n'était pas seul à en penser beaucoup de bien, et que de très hautes autorités agricoles lui ont fait écho et l'ont même dépassé dans les louanges données au brome de Schrader et dans l'expression d'espérances qui aujourd'hui nous semblent un peu excessives.

Toutefois, ces quelques préoccupations agricoles ne sont qu'un épisode dans l'histoire de ses travaux. Dès avant 1860, c'est l'étude des arbres et arbustes qui l'absorbe et qui le passionne, et il n'a pas d'occupation plus chère que de réunir des espèces et des variétés nouvelles pour en composer d'abord des massifs variés, et bientôt des collections méthodiques classées par genres et par espèces. Là encore, il fut très utilement secondé par M. Hérincq, qui a pris une part importante aux soins que demandent la réunion, la classification et l'entretien de collections aussi nombreuses que le sont devenues celles de Segrez.

Mais disons d'abord ce qu'était cette propriété de Segrez, théâtre des travaux d'Alphonse Lavallée. Situé dans une des nombreuses petites vallées qui découpent les bords du plateau qui précède la Beauce, à peu près à distance égale des villes d'Étampes, d'Arpajon et de Dourdan, le parc de Segrez, d'une étendue totale de 31 hectares, occupe le fond et les deux pentes d'un vallon débouchant dans la vallée du Renard, petit affluent de l'Orge, qui lui-même tombe dans la Seine à Athis, un peu au-dessus de Paris. La formation géologique du terrain y présente de grands avantages pour la culture de collections d'arbres d'essences diverses, à cause de la grande variété des sols qui s'y trouvent rassemblés. La partie supérieure de la colline, en effet, est composée de sable et de grès de Fontainebleau, tandis que les pentes inférieures présentent des argiles plus ou moins compactes, et le fond même de la vallée est formé de terres riches en humus et presque tourbeuses. Des sources abondantes sortent de terre dans le parc lui-même et permettent d'en arroser une grande partie. Dès l'origine, le canal d'écoulement de ces eaux a presque les proportions d'une rivière. L'exposition générale est au couchant; mais quelques plis de terrain donnent aussi des pentes exposées au midi, au levant et au nord. Le climat est celui de Paris, un peu exagéré vers les extrêmes par suite des conditions locales. Les vents y sont violents, les chaleurs de l'été intenses, les froids de l'hiver rigoureux, comme on l'a malheureusement constaté en 1871 et en 1879.

D'importants massifs boisés existaient dans le parc de Segrez avant qu'A. Lavallée y commençât ses plantations; il s'y trouvait même quelques arbres rares et curieux, mais dont aucun document précis ne permettait de connaître l'origine. Ce fut dans les parties restées libres, aux abords et à l'abri des bois et dans des clairières existant au milieu des massifs, que les premières plantations furent faites, non sans ordre et sans classement, mais avec la pensée d'en faire des groupes décoratifs en même temps que des éléments d'étude.

Mais dès que les collections prirent un peu de développement, l'esprit pratique de leur auteur reconnut promptement que le plan primitif ne pouvait pas être conservé. Un espace complètement libre fut réservé à la nouvelle collection ou école d'arbres et arbustes, et la disposition en lignes fut adoptée pour être conservée définitivement. C'est, de toutes, la plus simple, la plus claire et la plus favorable aux études comparatives. C'est celle qui est adoptée dans la plupart des jardins botaniques, et A. Lavallée avait pu en voir de remar-

quables exemples dans les *Arboretums* les plus riches et
les mieux tenus, qui, s'ils ne lui ont pas servi de mo-
dèles, ont au moins pu lui fournir des inspirations pour
son œuvre : dans les célèbres collections d'André Leroy,
à Angers, et dans les jardins royaux de Kew, près de
Londres.

A. Lavallée n'est pas le premier, en effet, qui se soit
plu à réunir des collections d'arbres et d'arbustes divers.
Dans la préface de son *Arboretum Segrezianum*, il
cite lui-même une longue liste de planteurs qui ont
créé des collections plus ou moins importantes d'arbres
indigènes et exotiques. Mais presque tous se limitaient
à quelques genres seulement d'arbres forestiers et orne-
mentaux ; et ce qui constitue le caractère particulier
des collections de Segrez, c'est, d'une part, leur étendue,
qui, dès le début, a embrassé, dans la pensée de leur
auteur, la totalité des espèces rustiques sous le climat
de Paris, et, d'autre part, leur disposition méthodique,
qui en fait un véritable jardin botanique, mais un jardin
botanique comme il n'en existe guère de semblables, à
cause de son étendue, de sa richesse et des excellentes
conditions dans lesquelles il a été planté. C'est, en effet,
un jardin botanique qui a, sur presque tous ceux du
monde, l'avantage d'être situé en pleine campagne.

Il est difficile de se figurer, sans avoir soi-même mis la
main à des études de ce genre, la somme de travail que
représente la constitution d'une collection de quelques
milliers d'espèces. Peut-être le créateur de l'*Arboretum*
de Segrez ne s'imaginait-il pas, au début, ce qu'il lui
faudrait de temps, de recherches, de voyages, de correspondances, pour arriver à compléter ses collections.
Mais une fois l'œuvre entreprise, il s'y adonna tout en-

tier, et la poursuivit avec une activité, une ardeur et une persévérance qui ont, à bon droit, mérité à son *Arboretum* la réputation du plus complet et du mieux étudié qui soit en France.

Non seulement les catalogues de tous les principaux pépiniéristes et marchands de graines furent examinés avec soin, et toutes les formes de végétaux ligneux qui paraissaient distinctes furent achetées en plantes vivantes ou en graines, mais, le plus souvent, A. Lavallée alla lui-même visiter les pépinières, tant en France qu'en Belgique, en Allemagne, en Angleterre et en Italie, et choisir sur place les plantes destinées à ses collections. Des correspondances directes avec les botanistes et arboriculteurs de tous les pays lui procurèrent un grand nombre de plantes nouvellement découvertes, qu'il eut ainsi l'honneur d'introduire le premier en France.

Plusieurs hommes, dont le nom restera lié à l'histoire des progrès de la botanique et de l'horticulture au xixe siècle, l'aidèrent puissamment dans la création de son *Arboretum*. Le premier de tous fut M. Decaisne, membre de l'Institut et professeur de culture au Muséum, qui avait voué à A. Lavallée une sincère affection, et qui, de mille manières, le seconda dans ses travaux : il lui procura, en effet, de nombreuses espèces ligneuses introduites directement par le Muséum ou des graines d'espèces intéressantes de provenance authentique ; il lui signala les espèces nouvelles à chercher dans les collections ou dans leur pays d'origine ; il lui donna, pour la classification et la description de ses collections de Segrez, des indications rendues précieuses par son admirable connaissance des arbres et son érudition si sûre et si étendue. Aussi A. Lavallée avait-il une véritable vénération pour ce maître de la science, dont il savait apprécier les conseils et les observations, toujours dictés par une bienveillance sincère et éclairée, alors même que la forme en pouvait paraître un peu rude, et la mort de M. Decaisne lui causa-t-elle un des plus grands chagrins de sa vie.

Un autre savant, qui vit encore, fut d'un grand secours à A. Lavallée pour l'étude des végétaux ligneux, et spécialement de ceux de l'Amérique du Nord : c'est le professeur C. Sargent, de l'Harvard University, à Cambridge, près de Boston. Les relations les plus cordiales n'ont cessé d'exister entre eux jusqu'à la mort de notre confrère, qui a eu la satisfaction de pouvoir rendre à son ami service pour service, en contribuant largement, par des envois de sujets venant de Segrez, à la plantation de l'*Arnold arboretum* créé par l'initiative du professeur C. Sargent, et devenu rapidement le plus vaste et le plus complet qui soit au monde.

Un correspondant et collaborateur d'A. Lavallée, dont le nom ne peut être passé sous silence, c'est le colonel, aujourd'hui général, Korolkov, aussi distingué comme savant que comme soldat, qui, après avoir pris part avec éclat à l'expédition russe contre Khiva, en rapporta et décrivit un grand nombre de plantes nouvelles et curieuses. Grâce à lui, A. Lavallée posséda un des premiers plusieurs espèces nouvelles de l'Asie centrale, cette mine non encore épuisée de formes végétales d'un intérêt extrême au point de vue de la géographie botanique, car c'est là que se retrouvent les prototypes de beaucoup de nos arbres cultivés.

Il faudrait presque épuiser la liste des botanistes du

monde entier pour énumérer tous ceux qui ont contribué
à compléter les collections de Segrez. C'était sir Joseph
Hooker, qui, après avoir rendu de si éminents services à
la science, vient de quitter la direction des jardins de
Kew, au grand regret des amis de la botanique et de
l'horticulture ; c'étaient MM. A. de Candolle, de Genève,
l'arbitre de la botanique contemporaine ; Ortgies, de Zu-
rich, et son ami l'intrépide B. Roezl, mort tout récemment ; c'étaient MM. Wilkomm, de Prague ; M. Leicht
lin, de Baden-Baden ; de Heldreich, d'Athènes ; Radde,
de Tiflis ; le professeur Regel, de Saint-Pétersbourg ;
les fameux voyageurs et botanistes russes Bunge et
Maximowicz ; c'étaient encore, de l'autre côté de l'At-
lantique, le Dr Asa Gray, de Cambridge, Roth, de
Boston ; M. l'abbé Brunet, de Québec. Tous ces correspondants, dont plusieurs étaient des amis personnels,
lui expédiaient les plantes les plus nouvelles et les plus
rares de leur pays, et lui fournissaient mille renseignements utiles pour le classement de ses richesses botaniques et pour ses publications.

Ce n'était pas tout, en effet, que de rassembler les
éléments de ces collections ; il fallait mettre l'ordre
dans ces trésors et débrouiller le chaos des nomencla-
tures vulgaires. Que de soucis et de peines pour en ve-
nir à bout, pour reconnaître chaque plante sous les dé-
nominations bizarres et parfois incroyablement traves-
ties des listes horticoles, pour éliminer les noms faux,
et placer enfin chaque individu à la place exacte qui lui
appartenait dans la classification adoptée ! Et que
d'ordre pour ne pas perdre le fil de ces recherches pendant tout le temps qui s'écoulait entre la réception de
la plante et le jour où, ayant fleuri et fructifié, elle

pouvait recevoir enfin son classement définitif et avoir
pour ainsi dire ses papiers en règle !... La tenue de
cette sorte d'état civil, comme A. Lavallée l'a appelé
lui-même, a demandé un vrai travail de bénédictin ; et
pourtant il y a suffi, aidé toujours de son fidèle collaborateur M. Hérincq, et cela sans cesser un jour d'être
l'aimable et gracieux homme du monde que nous avons
tous connu et aimé, toujours empressé à accueillir les
visiteurs, et semblant, au milieu de son immense la-
beur, complètement libre et désoccupé.

Et pourtant les travaux se multipliaient pour lui,
non seulement à Segrez, où ses collections allaient
croissant chaque année, mais dans les différentes Sociétés auxquelles il appartenait et dont il suivait les
séances avec assiduité. De nombreuses communications
et des publications intéressantes ont été le résultat de
sa participation aux travaux des Sociétés de botanique
et d'horticulture, dont il avait commencé très jeune à
faire partie ; il suffit de parcourir la liste de celles de
ses communications qui ont donné lieu à la publication
d'une note imprimée, pour voir combien était vaste le
champ qu'embrassaient ses études.

C'est d'abord un travail sur les *rhubarbes*, ces géantes
parmi les plantes herbacées. Dans une notice très étu-
diée, les diverses formes de cette belle plante sont ra-
menées à leurs différentes espèces ; l'origine première
en est clairement indiquée, et, comme pour prouver
que l'étude en a été faite sur le vif et non pas seulement
dans les livres, A. Lavallée présente à la Société d'horticulture, en même temps que son travail, une variété
nouvelle obtenue par lui, et recommandable par la grosseur exceptionnelle de ses pétioles comestibles.

Plus tard, il appelle l'attention des amateurs d'horticulture sur les mérites de la *Passiflore* à fleurs bleues,
dont il fait avec talent la description et l'histoire. Il en
loue avec raison la végétation rapide et vigoureuse, et
fait remarquer que la plante est presque rustique sous
le climat de Paris et peut, moyennant quelques précau-
tions, être employée comme plante grimpante en plein
air ; il explique comment elle est chez nous à peu près
constamment stérile, tandis que dans d'autres pays
elle se couvre de fruits abondants, fort jolis et même
mangeables.

D'autres notices ont pour objet l'*Akebia quinata*,
curieuse liane japonaise, ou les *Diospyros* à gros fruit,
plus connus sous le nom de *Kakis*. A. Lavallée est un
des auteurs qui ont le mieux fait ressortir la différence
qui existe entre le kaki de Chine *Diospyros sinensis*
(*D. kaki*, de Linné fils) et celui du Japon *D. Schi-tse*,
Bge, qui a reçu aussi les noms horticoles de *D. costata*,
D. Mazeli, *D. Roxburghii*, *D. Lycopersicum*, etc. Le
premier, fruit d'un grand arbre, est jaune, verdâtre ou
violet, et a la chair analogue à celle d'une prune ;
l'autre, provenant d'un arbre moins grand, mais plus
rustique, est d'un rouge-orangé très éclatant, a la chair
tout à fait molle à maturité, comme celle d'une nèfle, et
diffère du kaki de Chine autant par son goût que par
ses caractères extérieurs. Tous deux mûrissent leurs
fruits en Provence, mais le kaki du Japon est celui qui
peut remonter le plus loin vers le nord. Il en existe des
exemplaires dans les collections de Segrez.

C'est avant de les posséder vivants, et sur la vue de
cônes et de branches feuillées, qu'A. Lavallée a présenté
à la Société d'horticulture cinq formes fort intéressantes

de conifères du Colorado et de la Californie, rapportées par B. Roezl d'une de ses aventureuses expéditions botaniques dans l'Amérique du Nord. J. Douglas, le premier, avait exploré cette région des conifères gigantesques, et découvert des arbres qui ont passé longtemps pour les géants du règne végétal, et qui même aujourd'hui ne cèdent pas sans conteste le premier rang aux plus grands Eucalyptus de l'Australie : le *Sequoia gigantea*, le *Thuya gigantea*, le *Pinus Lambertiana*. Mais à côté de ces rois des forêts, que leur taille prodigieuse signalait forcément à l'attention, il restait un grand nombre d'espèces, fort intéressantes par leur beauté et par la qualité de leur bois, qui avaient échappé aux recherches des premiers explorateurs ou avaient été confondues avec d'autres. C'est parmi ces arbres verts, tous de taille à rivaliser avec nos plus grands sapins d'Europe, que Roezl avait trouvé à distinguer cinq plantes nouvelles, dont A. Lavallée s'est fait le présentateur à la Société centrale d'horticulture. Que le botaniste voyageur se soit montré là, comme pour les conifères du Mexique, un peu trop facile à multiplier les espèces, cela ne me paraît guère douteux, et c'est pour cela que je me suis servi du terme plus vague de « forme » pour désigner les différents types introduits par lui ; mais je dois lui rendre cette justice que si, des cinq arbres en question, quatre semblent pouvoir être réunis en un seul groupe spécifique, tous ont, au point de vue ornemental, des caractères parfaitement tranchés, qui en font à bon droit quatre essences bien distinctes.

La date de l'introduction des *Abies magnifica, lasiocarpa, bifolia* et *concolor* est encore trop récente et

leur rareté trop grande pour qu'on puisse se prononcer
sur leurs mérites en tant qu'arbres forestiers ; mais
tout paraît indiquer qu'ils conviendront parfaitement
aux reboisements dans les montagnes, car la région
d'où ils proviennent présente avec nos chaînes de montagnes d'Europe plus d'une analogie de climat, et les
hivers y sont certainement plus rudes. Si, comme tout
porte à le croire, ces arbres ont un avenir forestier, le
nom d'A. Lavallée devra, à juste titre, rester attaché à
l'histoire de leur introduction.

Une très intéressante question de physiologie végé-
tale a fixé l'attention de notre collègue, et a donné lieu
à des expériences et à des communications qu'il a résu-
mées dans une notice spéciale : il s'agit de la décolora-
tion, ou plutôt de l'absence de coloration dans les fleurs
de lilas forcées en hiver sous l'action d'une grande
chaleur. On sait quelle importance considérable a prise
l'industrie de la production du lilas blanc pendant les
vingt dernières années ; mais ce que bien des personnes
ignorent, c'est que ces jolies grappes de fleurs blanches,
qui semblent emprunter un charme de plus à la rigueur
de la saison pendant laquelle on les obtient, sont produites par des lilas à fleurs violettes, dont la pousse, développée à contre-saison et dans un local fortement
chauffé, n'a pas eu le temps de se colorer, comme elle le
ferait à l'air libre et sous l'influence d'une température
modérée.

Jusqu'à ces dernières années, on avait regardé l'obscurité comme indispensable à la production du lilas
blanc forcé, et si A. Lavallée n'a pas été le premier à
constater la possibilité d'en obtenir en pleine lumière,
il a eu au moins le mérite de déterminer rigoureuse-

ment le premier, par l'expérience, les conditions où cette absence de coloration se manifeste. A plusieurs reprises il a présenté à la Société d'horticulture des inflorescences parfaitement blanches de lilas à fleurs rouges ou violettes, obtenues sous l'action de la lumière grâce à un chauffage rapide et intense. Il a rendu ainsi un grand service à l'horticulture, en faisant voir que des serres ordinaires peuvent servir à la production du lilas blanc, en même temps qu'elles sont consacrées à la culture de plantes qui demandent à voir le jour.

Nous n'aurons garde d'oublier les intéressantes communications faites encore par lui sur l'origine de la pomme de terre et sur les vignes de l'Extrême-Orient. Tout en rendant justice aux mérites de Parmentier, le propagateur et l'infatigable apôtre de la culture de la pomme de terre aux environs de Paris, il établit, par de nombreux documents, que l'introduction première de ce légume en Europe date de la première moitié du xvie siècle ; qu'elle a eu lieu presque certainement par l'Espagne, et que la patrie originaire doit en être cherchée au Chili. Toutes ces conclusions s'accordent parfaitement avec celles de M. A. de Candolle dans son admirable travail sur l'*Origine des plantes cultivées*.

Les ravages pendant si longtemps croissants du phylloxera préoccupaient vivement A. Lavallée, et son attention se portait fréquemment sur l'étude des espèces de vignes susceptibles de servir à greffer nos cépages indigènes, tout en résistant à l'insecte destructeur. Laissant aux botanistes et aux viticulteurs du Midi l'étude et l'expérimentation des espèces américaines, il s'attachait surtout aux vignes de la Chine et du Japon ; car s'il reconnaissait les mérites des vignes américaines, il

leur reprochait de nourrir le **phylloxera**, et de consti-
tuer ainsi un danger permanent pour les vignobles non
attaqués. Il aurait voulu trouver des espèces, non seulement résistantes, mais rebelles à l'action du phylloxera, et il signalait à l'attention des viticulteurs quelques espèces chinoises et japonaises asssez rapprochées
par leur structure de la vigne commune pour en recevoir la greffe avec succès, et cependant assez distinctes
pour n'être jamais attaquées par le phylloxera. La pratique ne semble pas avoir jusqu'ici justifié les espérances qu'il avait conçues ; mais si l'expérience n'en a
pas absolument prouvé l'inanité, il y aurait probablement lieu de reprendre les recherches que la mort l'a
empêché de continuer jusqu'au bout.

Au milieu de toutes ces études, A. Lavallée avait ac-
cepté de devenir le secrétaire général de la Société
d'horticulture ; il avait été appelé à faire partie de la
Commission supérieure des Expositions internationales ;
puis quelque temps après, en 1876, il avait été élu
membre de notre Société en remplacement de M. Pé-
pin. C'était un nouveau champ ouvert à son activité, et
il devait bientôt faire à la Société des communications
du plus haut intérêt.

Dès avant cette époque, l'importance des collections
de Segrez avait à tel point grandi en quelques années,
qu'il avait fallu leur consacrer un emplacement nouveau occupant 3 hectares environ, et composé de plates-
bandes qui, placées bout à bout, ne mesuraient pas
moins de 5 kilomètres de longueur, et cela sans préju-
dice de l'ancienne école qui subsistait dans son étendue
d'un hectare environ, ni des arbres à feuilles caduques
plantés le long des allées, ni des conifères disséminés

sur les pelouses et sur les pentes. Et pourtant, par suite de la rigueur du climat de Paris, une grande proportion des arbres et arbustes connus se trouvait forcément exclue de l'*Arboretum* de Segrez. En effet, quand on cherche à réunir dans un pays donné tous les végétaux susceptibles d'y prospérer à l'air libre, la diversité d'origine des pays à mettre à contribution est d'autant moins grande, qu'il s'agit d'espèces ayant une durée d'existence plus prolongée. Tandis que les plantes annuelles des pays tropicaux ou des régions glaciales peuvent trouver chez nous, pendant les mois d'été, les conditions favorables à leur développement complet, il n'en est pas de même des arbres qui, n'échappant à aucune des influences extrêmes du climat, veulent des conditions absolument analogues à celles de leur milieu naturel.

Il suit de là que les espèces ligneuses réunies à Segrez devaient appartenir et appartenaient, en effet, à la zone tempérée de l'hémisphère nord, dont le climat n'a pour ainsi dire pas d'équivalent dans l'hémisphère austral, sauf, dans une certaine mesure, au Chili et en Tasmanie. Mais, cependant, quelle variété de provenances et de productions !

Les espèces européennes, très nombreuses et très variées, devaient nécessairement former le fond des collections. Ce sont les formes végétales qui frappent le moins le visiteur, parce qu'elles lui sont le plus familières ; il s'en faut de beaucoup, cependant, qu'elles soient toutes parfaitement connues et définitivement classées. Si l'on se rappelle que le *Pinsapo*, un de nos plus beaux conifères d'ornement, n'a été découvert qu'en 1837 par E. Boissier dans les montagnes de Grenade ; que le professeur Orphanidès a pour la première fois trouvé, sauvage en Grèce, en 1877, le marronnier d'Inde, dont l'origine n'avait été jusque-là soupçonnée que par l'esprit sagace de M. Decaisne ; que, plus tard encore, le Dr Pancik a découvert, dans le Monténégro, un sapin, l'*Abies Omorika*, qui n'a d'analogues qu'en Sibérie ou dans l'Amérique du Nord , on doit reconnaître que la flore arbustive de l'Europe présente encore bien des problèmes à élucider, et que les collections de Segrez rendront de grands services, même pour la connaissance de nos espèces indigènes. Du reste, de nombreuses formes végétales, dont l'origine première n'est pas consacrée par des preuves certaines ou par une tradition absolument authentique, peuvent être considérées comme des races résultant de variations survenues dans les cultures, ou de croisements qui se seraient produits spontanément dans les jardins ou les pépinières. Comme c'est en Europe que ces formes critiques se sont produites le plus souvent, il est naturel de les rapprocher des espèces européennes lorsque leur prototype ne peut pas être reconnu d'une façon certaine dans une autre partie du monde.

Parmi les espèces européennes peu connues qui figurent à Segrez, il est intéressant de citer l'*aune à feuille en cœur* de l'Italie méridionale (*Alnus cordifolia*), espèce absolument rustique et réussissant parfaitement, à la différence de l'aune commun, même dans les terrains secs ; c'est un des arbres qui, sous notre climat, perdent leurs feuilles le plus tardivement, car il reste habituellement vert jusqu'au 1er décembre. En outre, ses cônes, deux ou trois fois plus gros que ceux de l'aune commun, sont actuellement recherchés pour faire des ornements de passementerie employés à garnir les vêtements ou les meubles.

Le *Cratægus nigra* (épine à fruit noir de Hongrie) est une très curieuse espèce ; on dirait, à première vue, une aubépine portant des fruits d'épine noire. C'est un arbuste peu connu, quoique européen. Le très rare *Cratægus Lavallei*, représenté seulement par les individus existant à Segrez, ou par ceux qui ont été donnés par A. Lavallée, ne peut être mieux énuméré qu'avec les plantes d'Europe. C'est un buisson touffu, épineux, remarquable par la profusion extrême de ses fruits jaune vif, de la grosseur d'une petite cerise. Il s'en couvre tous les ans à l'automne, et les conserve avec une telle persistance, que l'on trouve souvent une partie des fruits de l'année précédente noirs et desséchés au milieu des fruits nouveaux. Ce curieux arbuste pourrait sans doute être utilement planté pour la nourriture des faisans, dans les parcs où le gibier est abondant.

De même, le bel arbre d'ornement d'origine inconnue, auquel A. Lavallée a donné le nom d'*Aria Decaisneana*, semble aussi pouvoir être revendiqué par l'Europe, puisque les espèces avec lesquelles il présente le plus d'analogie sont : l'alisier de Fontainebleau (*Aria latifolia*) et le sorbier hybride (*Sorbus hybrida*) originaire de Suède.

Le nombre des plantes asiatiques contenues dans l'*Arboretum* de Segrez est extrêmement considérable, et leur énumération seule occuperait un espace qui ferait sortir cette notice des limites qu'elle doit respecter. Je ne citerai donc que les plus curieuses de celles qui sont venues des trois principaux centres de végétation ayant un climat tel que leurs productions puissent s'accommoder de celui de l'Europe.

Des régions tempérées et relativement humides du Caucase et de la Perse septentrionale, sont venus à Segrez :

L'*Acer Hyrcanum*, érable à larges feuilles et à feuillage épais ;

Le *Phyllirea Vilmoriniana*, superbe plante à feuilles de laurier, que l'infatigable voyageur Balansa m'a fait l'amitié de me dédier ;

L'*Abies Nordmanniana,* magnifique espèce ornementale et forestière, précieuse par le départ tardif de sa végétation, qui la fait échapper au danger des gelées de printemps, si fatales chez nous à beaucoup d'arbres parfaitement rustiques en hiver mais trop prompts à développer après les froids leurs jeunes pousses tendres et sensibles.

Le *Staphylea Colchica*, dont les horticulteurs parisiens se sont rapidement emparés, pour l'obliger à développer en hiver ses jolies grappes de fleurs blanches à odeur de tubéreuse.

La végétation des parties centrales de l'Asie était à peine connue avant les expéditions russes dans le Turkestan et les explorations de l'abbé David et d'autres courageux missionnaires dans le nord-ouest de la Chine. Les collections de Segrez en possèdent plusieurs représentants excessivement curieux et jusqu'ici très rares.

Ce sont, entre autres, les pêchers à fruits plats du nord de la Chine (*Porsica platycarpa*, de Decaisne), le

Persica Sinensis, de Bunge ; ces deux espèces, fleurissant tard au printemps et, étant extrêmement rustiques, permettront vraisemblablement d'obtenir , soit par semis, soit par croisements, des races de pêchers plus résistantes que les anciennes.

Le *Xanthoceras sorbifolia*, introduit par le Muséum d'histoire naturelle, est un arbre forestier par ses dimensions, et un arbre d'ornement par la beauté de ses fleurs.

Le *Cedrela Sinensis*, aux belles fleurs jaunes et odorantes et au bois imprégné d'un principe amer qui le préserve des attaques des insectes, promet d'être rustique dans la France presque entière.

Le *palmier-chanvre* de Chine (*Trachycarpus Fortunei*) ne souffre du froid, même à Paris, que dans les hivers exceptionnels.

Le *noyer de Mandchourie* (*Juglans Sieboldiana*), moins grand que le nôtre, dont les noix à amandes, très huileuses et peu divisées, sont réunies par grappes de dix à quinze, mérite d'être essayé.

Un des plus jolis arbustes d'ornement, introduits depuis quelques années, est l'*Exochorda grandiflora*, buisson à larges fleurs en étoile et du plus beau blanc, Une autre espèce du même genre , l'*Exochorda Korolkowi*, à floraison plus précoce, a fleuri pour la première fois à Segrez, provenant de graines envoyées par le colonel Korolkov. C'est à lui qu'A. Lavallée a dédié le *Populus Korolkowi*, reçu également par ses soins, qui réunit la couleur argentée des feuilles du peuplier blanc à la forme fastigiée et pyramidale du peuplier d'Italie.

C'est incontestablement à notre confrère que revient l'honneur de l'introduction en France de ces deux intéressants végétaux du Turkestan.

Le Japon doit à sa position insulaire un climat assez analogue, sous certains rapports, à celui de l'Europe. Aussi le nombre des espèces végétales qui sont venues de ce pays enrichir d'une façon permanente nos collections botaniques est-il très considérable. Parmi les plantes japonaises, celles qui se font le plus admirer dans les collections de Segrez sont, incontestablement, les bambous, très remarquablement vigoureux et rustiques malgré la dureté du climat, et les clématites, dont les types primitifs et les formes horticoles, réunis en une double ligne qui traverse toutes les plantations, forment, pendant l'été, une admirable avenue complètement garnie de fleurs et de feuillage.

Les érables japonais, aux feuilles si curieusement découpées et nuancées de teintes si variées et si délicates, ainsi que les *Skimmia*, dont les feuilles de laurier contrastent pendant tout l'hiver avec les fruits écarlates, réussissent également bien à Segrez, et donnent un aspect très caractéristique à certains coins bien abrités du parc qui leur ont été consacrés.

C'est encore du Japon que proviennent l'*Idesia polycarpa*, bel arbre d'ornement décrit et figuré dans les *Icones;* le prunier *mu-me*, très rustique, et intermédiaire par ses caractères entre les véritables pruniers et les abricotiers; le *Kum-kouat,* citronnier dont les petits fruits, confits au sucre, constituent un bonbon des plus délicats; le *Rosa rugosa*, très curieuse espèce à feuillage fortement veiné, dont les baies orange sont presque aussi ornementales que les fleurs; le *Rosa Camellia*, qui rappelle, aussi bien par ses feuilles que par ses fleurs, l'apparence d'un camélia blanc simple ; enfin, l'*Akebia quinata*, le *Diospyros Schi-tse*, et les différentes vignes et Cissus à grande végétation, plantes qui ont toutes fait l'objet de publications spéciales de notre confrère.

La plupart des espèces arborescentes des régions orientales de l'Amérique du Nord sont depuis longtemps introduites en Europe et répandues dans les jardins, grâce surtout aux travaux et aux voyages des deux Michaux.

On retrouve à Segrez, méthodiquement classés, tous les chênes de l'Amérique du Nord, si remarquables par les magnifiques teintes que leur feuillage prend en automne ; les noyers *Hickory*, précieux par les admirables qualités de leur bois, et dont les Américains déplorent aujourd'hui l'exploitation inconsidérée qui les a rendus rares même dans leur pays d'origine : les *Nyssa*, propres à boiser les terrains submergés ; le *Catalpa speciosa*, espèce récemment distinguée d'avec le *Catalpa* commun, dont il diffère par sa floraison plus tardive et par la qualité très supérieure de son bois. De magnifiques cyprès chauves garnissent, à Segrez, les bords des pièces d'eau et sont probablement contemporains de ceux que Duhamel du Monceau avait plantés à Vrigny et à Malesherbes. Mais, à côté de ces espèces depuis longtemps familières à nos arboriculteurs, les collections de Segrez contiennent en grande quantité des représentants de la flore de la Californie et de l'Orégon, introduits à la suite des plus récentes explorations botaniques.

Le *Sequoia gigantea* de Californie y formait de ma-

gnifiques massifs, qui malheureusement ont été presque
entièrement détruits par les grands froids de l'hiver de
1879-1880. Les *Pinus Jeffreyi, Coulteri, Bentha-
miana*, le *Libocedrus decurrens*. Les *Abies* de la série
grandis, magnifica, lasiocarpa et *concolor*, spécialement étudiés et décrits par A. Lavallée, ont parfaitement résisté aux froids.

La végétation du nord-ouest de l'Amérique est encore
représentée par le *Castanea chrysophylla* de l'Orégon,
dont les feuilles semblent être garnies de poudre d'or
à la face inférieure; par le *Fremontia Californica*,
curieux arbuste à feuilles de figuier et à fleurs de
mauve; par le *Carpentiera Californica*, joli buisson
à feuilles persistantes que notre confrère a reconnu et
introduit comme rustique en France, mais dont il n'a
pas vu la floraison; elle ne s'est produite, en effet, que
quelques mois après sa mort, et c'est par son fils aîné
que les premiers rameaux fleuris ont été présentés à la
Société centrale d'horticulture.

Les régions élevées du Mexique possèdent aussi un
certain nombre d'arbres susceptibles de supporter le
climat du nord de la France. Explorées il y a environ
trente ans par Roezl, elles ont fourni notamment un
nombre considérable de pins caractérisés, pour la plupart, par la longueur de leur feuillage; quelques-uns
de ces pins vivent et même prospèrent à Segrez, où ils
contrastent avec les espèces à feuillage plus court et
plus raide de l'Europe et de l'Asie.

Franchissant toute l'Amérique équatoriale et tropi-
cale, dont presque aucune production arbustive n'est
susceptible de naturalisation dans notre climat, nous
retrouvons au Chili et vers la pointe du continent amé-

ricain certaines espèces dont l'horticulture européenne a déjà fait son profit, et quelques autres qui peuvent encore lui fournir l'occasion d'introductions utiles : l'*Araucaria imbricata*, avec ses rameaux en candélabre et ses feuilles de joubarbe ; le *Colletia cruciata*, à tige comprimée, aplatie, déformée, en épines opposées et alternant en croix, ont l'un et l'autre l'apparence d'arbres en métal, plutôt que de végétaux vivants. Au contraire, le *Berberis Darwinii*, avec ses grappes de fleurs jaunes et ses fruits d'un noir bleu ; les *fuchsias*, avec leurs fleurs gracieusement pendantes, sont au nombre des arbustes les plus élégants qu'on ait jamais introduits. Le *Fagus obliqua*, du même pays, espèce de hêtre de grande taille, pourra vraisemblablement présenter un certain intérêt comme arbre forestier.

La flore de l'Australie et de la Tasmanie, caractérisée principalement par ses myrtacées gigantesques, est représentée à Segrez par quelques échantillons d'Eucalyptus, d'acacias et autres arbres d'orangerie ; mais A. Lavallée a reconnu, comme tous les horticulteurs sincères, que la place de toutes ces espèces n'est pas en pleine terre sous le climat de Paris ; il convient donc de les laisser à la Provence et à l'Algérie, où elles prospèrent si bien en compagnie de l'oranger et du palmier nain.

A. Lavallée avait commencé très jeune ses plantations, aussi eût-il la satisfaction de voir son œuvre complètement développée, ses arbres déjà grandis et pleinement caractérisés, lorsqu'il était lui-même dans toute la force de l'âge. Le temps du repos n'était pas encore arrivé pour lui, et, la première partie de son œuvre achevée, il pensa à faire profiter le monde sa-

vant et le public tout entier des richesses végétales qu'il
avait accumulées. Le premier travail à faire était de
dresser le catalogue de toutes les espèces existant à Segrez. Ce n'était pas une petite tâche, car le nombre
s'en élevait déjà à plus de quatre mille deux cents espèces et variétés.

A. Lavallée n'hésita pas à entreprendre ce travail, et
le catalogue de ses collections, publié en 1877, sous le
titre d'*Arboretum Segrezianum*, constitue un volume
de plus de trois cents pages; il est juste de dire que ce
catalogue indique, outre le nom admis par l'auteur
pour chaque espèce ou variété, toutes les synonymies
de ce nom, avec l'indication de tous les ouvrages où la
variété se trouve mentionnée, et celles des figures qui
en ont été publiées. Les déterminations et les recherches synonymiques exigées par la rédaction de cette
simple énumération des espèces cultivées à Segrez,
avaient amené A. Lavallée à réunir une bibliothèque
botanique qui ne comprenait pas moins do douze
mille volumes, et qui était complétée par le précieux
herbier du botaniste Desvaux, enrichi d'échantillons
pris à Segrez même sur toutes les plantes qui y étaient
cultivées.

De ce recensement soigneux et complet des espèces
réunies, résulta la constatation d'un fait auquel on devait s'attendre : c'est qu'il s'y trouvait de nombreuses
espèces ou entièrement nouvelles ou imparfaitement
connues. De là à l'idée d'en faire une publication spéciale, il n'y avait qu'un pas, et ce pas fut bientôt franchi
par la publication du premier fascicule des *Içones selectæ arborum*, etc., contenant la description et la
figure de cinq des espèces les plus curieuses des

collections de Segrez. Si le catalogue de l'*Arboretum* avait été publié sous une forme simple et modeste, cette description des espèces critiques se présenta, au contraire, sous les dehors les plus riches et les plus soignés. A des descriptions remarquables par leur précision et leur élégance, étaient jointes des planches dont l'exécution n'avait rien à envier aux plus parfaits chefs-d'œuvre de l'iconographie botanique. Elles étaient dues à M. H. Riocreux, qui a pu être égalé, mais jamais surpassé dans la reproduction des végétaux, et à Mlle Bergeron, dont on peut dire qu'elle a su profiter des indications et des conseils de M. Riocreux de manière à dessiner les plantes comme il l'avait fait lui-même. Il est impossible de méconnaître dans cette splendide publication l'inspiration ou les conseils de M. Decaisne, et c'est en faire le plus bel éloge que de dire qu'elle rappelle d'une façon frappante ce merveilleux ouvrage qui se nomme le *Jardin fruitier du Muséum*.

Mais en parlant dès maintenant de la publication des *Icones*, je devance l'ordre des temps. Ce n'est, en effet, qu'en juillet 1880 qu'a paru la première livraison de cet ouvrage, et plusieurs dates mémorables dans la vie de notre confrère se placent avant cette époque. Ce fut d'abord l'Exposition universelle de 1878 qui le mît en évidence de diverses manières. Secrétaire général de la Société d'horticulture, il prit une part active à l'organisation des divers concours spéciaux qui, sous la direction habile et énergique de notre confrère M. Hardy, ont réuni au Champ-de-Mars les produits les plus intéressants de l'horticulture de tous les pays du monde. Exposant, il présente un groupe des plus

curieux d'arbres et arbustes, rares et nouveaux, pris
dans ses collections de Segrez. Membre actif de l'Asso-
ciation française pour .l'avancement des sciences, il
prit part à la session exceptionnellement brillante qui
fut tenue à la Sorbonne au mois de juin 1878, en
faisant une conférence des plus instructives sur les arbres et arbustes récemment introduits en France. Enfin,
grand et riche propriétaire, il profita de l'occasion que
lui donnait le Congrès botanique et horticole tenu à
Paris au mois d'août 1878 pour en réunir à Segrez
les membres français et étrangers.

Il me semble voir encore cette journée de fête : le
brillant soleil d'été contrastant avec l'ombre épaisse
et fraiche des magnifiques futaies du parc ; les eaux
pures et transparentes, ou tombant en cascades parmi
les rochers revôtus de verdure, ou s'étendant en lon-
gues nappes calmes qui reflétaient les groupes animés
des promeneurs et les claires toilettes d'été ; et au milieu
de ses plantations, notre confrère, se faisant tout à
tous, et guidant les invités à travers les merveilles végétales, dont il faisait les honneurs avec autant de modes-
tie que de complaisance et de bonne grâce. Puis bientôt
une tente aussi vaste que le château tout entier réunis-
sait autour de la gracieuse maitresse de la maison les
représentants de vingt pays différents, et la cordialité
et l'entrain, encouragés par l'accueil si courtois et si
aimable des châtelains de Segrez, faisaient naitre entre
leurs hôtes des amitiés et des relations durables, qui
devaient profiter par la suite aux progrès de la botanique et de l'horticulture. Tous ceux qui ont assisté à
cette belle réunion en garderont à jamais le souvenir.

L'année suivante, A. Lavallée était appelé par vos suffrages à remplacer Huzard fils dans la charge de trésorier perpétuel de la Société. Il en remplit les fonctions de la façon la plus honorable, et rendit de vrais services à la Société dans la gestion de ses finances. Mais bientôt une autre dignité, non moins flatteuse et plus lourde, lui était réservée. Au mois de décembre 1879, la Société centrale d'horticulture le nomma président, et l'on peut dire que personne ne sembla jamais mieux désigné pour cet honneur qu'A. Lavallée à cette époque de sa vie.

Par sa situation personnelle et par ses relations, par la réputation justement méritée de ses créations horticoles et de ses ouvrages, il avait à la fois la compétence spéciale nécessaire pour diriger les travaux de la Société et l'autorité qu'il fallait pour la représenter auprès des pouvoirs publics, et pour donner à cette position de président de la première Société horticole française tout le lustre qu'elle comporte.

C'est à cette période de sa vie que se rapporte la publication des *Icones*, ouvrage dont il a déjà été question. Dans cinq livraisons qui ont paru à intervalles à peu près égaux, du mois de juillet 1880 au mois de décembre 1882, on trouve la description, accompagnée d'excellentes figures lithographiées, de vingt-sept espèces ou variétés des plus rares et des plus curieuses parmi les très nombreux arbres et arbustes réunis à Segrez. Une sixième livraison a paru récemment depuis la mort de son auteur, et les matériaux réunis et préparés par lui suffiraient à en remplir encore une dizaine de fascicules au moins. Il est permis d'espérer que ce bel ouvrage, complément presque nécessaire des collections existantes, sera continué par les fils de notre confrère.

Au printemps de l'année 1883 eut lieu la 146e Exposition de la Société horticole de Gand, la 11e de la série quinquennale. Dans cette imposante réunion périodique de tout ce que l'horticulture européenne a de plus éminent, notre confrère fut appelé, par le choix de ses pairs, aux fonctions délicates et honorables de président du jury international. C'était la consécration la plus éclatante de l'éminente situation que l'estime et la sympathie de tous lui faisaient dans le monde de l'horticulture. Car c'est là un des traits les plus caractéristiques de la carrière malheureusement trop courte d'A. Lavallée : non seulement il était apprécié de tous ceux qui connaissaient ses travaux, mais il en était aimé. Il était impossible d'avoir avec lui des rapports, même fugitifs, sans se sentir attiré vers lui et conquis par son aménité et sa bonne grâce.

L'aspect seul de sa physionomie si ouverte appelait la confiance, et cette première impression était confirmée et fortifiée par ses manières pleines de franchise, d'aisance et de rondeur. Et si ces dons, en quelque sorte extérieurs, mettaient à l'aise et attiraient vers lui ceux qui le voyaient pour la première fois, ceux qui avaient le bonheur d'être ses amis lui étaient attachés surtout par ses grandes qualités de cœur et d'esprit. Vif et impressionnable par tempéramment, il était, dans les rapports de la vie, d'une douceur et d'une courtoisie parfaites. Très bienveillant et large d'esprit, il aimait à faire profiter les autres du fruit de ses travaux et donnait ses plantes à pleines mains, comme ses renseignements et ses conseils. Dans les nombreuses et délicates fonctions qu'il a exercées dans les diverses Sociétés savantes, il ne s'est fait que des amis ; et les correspondants même avec qui il était en rapports dans le monde entier s'attachaient sincèrement à lui. De sorte que l'on peut dire que d'une main il rassemblait à Segrez les productions végétales d'une grande partie de la terre, et que de l'autre il semait les amitiés dans les contrées les plus éloignées.

Sa douceur et sa bonté n'excluaient ni l'énergie ni le courage ; il en donna notamment la preuve pendant la guerre de 1870. Au moment où toutes les populations des environs de Paris fuyaient devant l'invasion allemande, il ne voulut pas quitter le village de Saint-Sulpice-de-Favières, d'où dépend le château de Segrez et dont il était maire. Triomphant des résistances de sa famille, qui savait à combien de difficultés et de dangers les exigences de l'ennemi exposaient les maires des localités envahies, il mit tous les siens en sûreté et resta seul à son poste. Il sut si bien en imposer aux Allemands par la dignité et la fermeté de son attitude que, grâce à lui, la commune fut entièrement épargnée par l'ennemi. C'est à la suite de cette preuve de dévouement que le canton le choisit pour être son représentant au Conseil général de Seine-et-Oise, dont il fit partie pendant plusieurs années.

Ce fut une brillante et douce période de la vie d'A. Lavallée que celle où, ses plantations complétées et grandies, ses grands ouvrages préparés et en partie publiés, il commença à jouir pleinement et largement de la juste et légitime célébrité que méritaient ses travaux. Chevalier de la Légion d'honneur depuis 1877, il fut fait officier au mois de décembre 1881. Bientôt après, la publication de sa magnifique *Monographie des clématites* faite sur le même plan et avec le même luxe de typographie et d'illustration que les *Icones*, vint ajouter encore à ses titres scientifiques.

Quand, à cette époque, on voyait nôtre confrère, soit au milieu de ses splendides collections de Segrez, soit dans sa belle habitation de Paris, parmi toutes les richesses végétales et artistiques dont il avait su s'entourer, ayant auprès de lui une compagne digne de lui et des enfants déjà grands et capables d'apprécier les travaux de leur père, on était tenté de se demander ce qui pouvait manquer au bonheur du fortuné possesseur de tant de belles choses.

Il y manqua la durée. Soudainement, en pleine sécurité, un malheur aussi rapide qu'imprévu vint interrompre ses utiles travaux, et plonger dans le deuil sa famille, ses collègues et ses nombreux amis. Rien ne semblait présager un semblable malheur ; sa santé, assez sérieusement ébranlée quelques années auparavant, semblait s'être complètement raffermie, et la nouvelle ardeur avec laquelle il développait l'étendue de ses collections d'arbres faisait bien voir qu'il ne se croyait pas encore arrivé à ce point de la vie où l'on ne plante plus si l'on bâtit encore. Selon toute apparence, il pouvait encore compter sur de longs jours.

Pressé par les médecins de prendre un peu de repos, il avait passé les hivers de 1880 et 1881 sur cette côte de Provence, qui a plus de charmes encore pour le botaniste et l'horticulteur que pour l'amateur de paysages pittoresques. Il est impossible, pour qui aime et connaît les plantes, de n'être pas transporté d'admiration à l'aspect de ce rivage privilégié où les flores de tant de pays divers semblent s'être donné rendez-vous pour composer un ensemble merveilleusement varié. A. Lavallée n'échappa pas à cette impression, et les magnifiques jardins du duc de Vallombrosa, de M. Mazel, de M. Dognin, le remplissaient d'admiration. En quelques semaines, il connut aussi bien que personne les espèces exotiques cultivées dans les jardins du littoral ; et dès sa seconde visite en Provence, il distinguait et décrivait, parmi les Casuarinas répandus dans tout le pays, une forme qui avait échappé aux investigations des botanistes.

Et pourtant, la plupart des végétaux introduits dans cette région sont bien connus, car il y existe un centre botanique dont la lumière rayonne sur tout le pays. Je veux parler de la villa Thuret, devenue depuis dix ans propriété nationale et servant, sous l'active direction de notre confrère M. Ch. Naudin, à des recherches de physiologie et de classification, comme annexe de l'École des hautes études, en même temps qu'elle reste le jardin botanique de la flore exotique du littoral.

Par une singulière coïncidence, l'année 1857, qui avait vu le commencement des plantations d'A. Lavallée à Segrez, vit aussi M. Gustave Thuret entreprendre ses premiers travaux d'embellissement d'une petite ferme du cap d'Antibes, qu'il devait en peu de temps transformer en un musée vivant des richesses végétales propres au climat de la Méditerranée. Là prospèrent admirablement en plein air les végétaux du cap de Bonne-Espérance, du Chili, de la Plata, et en particulier ceux de l'Australie et de la Tasmanie, trop sensibles au froid presque tous pour supporter le climat de Paris. A. Lavallée voyait avec le plus grand intérêt toutes ces espèces, souvent proches parentes de celles qu'il cultivait à Segrez, mais que leur tempérament trop délicat ne lui permettait pas d'introduire dans ses collections du nord de la France. On peut se demander s'il aurait longtemps résisté à la tentation de donner à son *Arboretum* de Segrez une annexe méridionale, ou plutôt l'on peut affirmer qu'il aurait certainement créé sur les côtes de Provence une école d'arbres toujours verts non rustiques à Paris, car, ayant eu à faire à Cannes quelques plantations d'agrément dans un jardin 'dont il était devenu propriétaire, il avait commencé, sur les indications du célèbre botaniste voyageur Édouard André, à y introduire quelques espèces rares et intéressantes. Des palmiers tels que le *Jubea spectabilis*, le *Pritchardia filifera*, les *Cocos Australis* et *comosa*; des acacias d'espèces rares, l'*Acacia exsudans*, *stenophylla*, *elegantissima*, l'*Acer oblongum*, le rare *Phyllocalix edulis*, le *Jacaranda mimosæfolia*, arbre des rives de l'Amazone qui supporte, par un phénomène inexpliqué jusqu'ici, les hivers de la Provence. Les *Escalonia floribunda* et *macrantha*, le *Templetonia retusa*, le *Choisya ternata*, charmants arbustes à floraison hivernale qui ne supportent pas le climat de Paris. Il avait aussi garni une longue pergola à l'italienne d'une fort belle collection de plantes grimpantes ligneuses.

Tout cela n'était qu'un commencement, mais chacun sait qu'une fois entré dens cette voie, un amateur aussi passionné et aussi persévérant que l'était A. Lavallée ne s'arrête pas avant d'avoir réuni tout ce qu'il est possible de se procurer. Il y avait là, pour lui, toute une

mine d'études nouvelles et de publications intéressantes ; mais, malheureusement, loin de pouvoir entreprendre de nouveaux travaux, il allait laisser inachevés
ceux qui l'occupaient depuis longtemps et qui avaient
déjà rendu son nom si justement célèbre.

Le 3 mai 1884, au retour d'un voyage en Provence,
il voulut, à peine rentré à Paris, aller voir ses chères
plantations de Segrez ; et là, pendant qu'il se dirigeait
vers l'emplacement de ses plus récentes introductions,
la rupture d'un anévrisme le fit tomber dans une des
allées de son parc pour ne plus se relever. Une pieuse
et délicate pensée a voulu que la place où cette vie si
précieuse et si utile s'était éteinte ne fût plus foulée aux
pieds des passants. L'allée a été détournée et un massif,
composé des plantes qu'il aimait le plus, occupe maintenant l'endroit où il est tombé, perpétuant à la fois son
souvenir et celui de ses travaux.

Dans notre Société, sa mort a laissé un grand vide.
Longtemps sa place est restée vacante, en signe de
deuil, et aujourd'hui c'est une douce, mais triste tâche,
pour celui que vous avez appelé à lui succéder, de tra-
cer ces notes destinées à conserver sa mémoire. Je vou-
drais me flatter de l'espoir que cette esquisse de la vie
de notre collègue et de son œuvre servira, quoique
étant l'ouvrage d'une main peu habile, à faire vivre
son nom et sa réputation au delà de la génération qui,
témoin de ses travaux, l'a sincèrement aimé et profon-
dément regretté.

NOTICE BIBLIOGRAPHIQUE

Étude morphologique sur la rose verte.
Horticulteur français, 1856, p. 218.

Note sur les rhubarbes, sur leurs divers emplois et leur culture.
Même recueil, n° d'avril 1859, pp. 83-92.

Note sur le *Primula viscosa.*
Même recueil, même année, p. 242.

Note sur le *Papaver alpinum.*
Même recueil, même année, p. 271.

Observations sur les froids de l'hiver 1859-1860.
Même recueil, année 1860, pp. 249-252 et 277-280, et année 1861, p. 30.

Article bibliographique sur l'ouvrage de MM. Decaisne et Naudin intitulé : *Manuel de l'amateur des jardins.*
Même recueil, année 1862, p. 266.

Note sur le *Cornus florida.*
Même recueil, année 1863, p. 150.

Des plantes à effet pittoresque et à port ornemental.
Même recueil, même année, p. 129.

Conifères nouveaux.
Même recueil, même année, p. 164.

Note sur le *Passiflora cœrulea* (avec figure coloriée).
Même recueil, année 1864, pp. 6-13.

Note sur l'horticulture au Japon, d'après le D[r] von Siebold.
Même recueil, même année, p. 50.

L'Herincquia floribunda.
Même recueil, même année, p. 177.

Le Brôme de Schrader.
In-8° de 32 pages, 1864. J. Rothschild.

Le Brôme de Schrader, développement du mémoire lu à à la Société impériale d'agriculture.
In-8° de 72 pages et une planche, 1864. J. Roths-
child.

Le nouveau Jardinier illustré, par MM. F. Hérincq, A. Lavallée, L. Neumann, B. Verlot, Cels, J.-B. Verlot, Courtois-Gérard, A. Pavard, Burel.
A. Lavallée a collaboré à l'édition de 1865 et à
plusieurs des suivantes en décrivant divers
genres d'arbres et d'arbustes de plein air.
(Articles non signés.)

Le Règne végétal, par MM. Dupuis, Réveil, Herincq et Fr. Gérard. (Article bibliographique.)
L'Horticulteur français, année 1865, p. 52.

Description et culture des Clématites, par MM. A. Lavallée, Verlot et Neumann.
Même recueil, même année, p. 141.

Note sur l'*Akebia quinata* (avec planche coloriée.)
Même recueil, n° d'avril 1869, p. 103.

Note sur le *Ceanothus velutinus.*
Même recueil, année 1870-1871, p. 181.

Note sur les nouveaux conifères du Colorado et de la
Californie.

> *Extrait du journal de la Société centrale d'hor-*
> *ticulture de France, 2ᵉ série, tome VIII, 1875,*
> *cahier de décembre 1874, p. 741.*

L'Origine de la pomme de terre et son introduction
en Europe.

> *Même recueil, tome XI (1877), pp. 101-117.*

L'Obscurité est inutile pour obtenir des lilas blancs
en serre.

> *Même recueil, même année, pp. 261-265.*

Sur les fruits du *Diospyros Schi-tse.*

> *Même recueil, même année, p. 564.*

Arboretum Segrezianum. — Énumération des arbres et arbustes cultivés à Segrez (Seine-et-Oise), com-
prenant leur synonymie et leur origine, avec l'indication d'ouvrages dans lesquels ils se trouvent figurés.

> *In-8⁰ de 320 pages. Paris, 1877. J.-B. Baillière*
> *et fils.*

Les Arbres et arbustes exotiques récemment introduits en France ou dont la propagation y serait dési-
rable, par M. A. Lavallée, membre de la Société centrale d'agriculture de France.

> *Conférence faite à la Sorbonne en 1878. Extrait*
> *du Bulletin de l'Association scientifique de*
> *France, nᵒˢ du 21 juillet 1878, nᵒ 559, pp. 225-*
> *234, et du 28 juillet 1878, nᵒ 560, pp. 243-249.*

Note sur les vignes asiatiques et la résistance qu'elles
peuvent offrir au phylloxera.

> *Bulletin des séances de la Société centrale*

d'agriculture de France, tome XXXVIII, 1878, p. 374, et tome XXXIX, 1879, p. 280 et p. 497.

Rapport sur l'enseignement primaire de l'agriculture.

Même recueil, tome XXXVIII, 1878, p. 617.

Rapport sur les échantillons de coton envoyés d'Amérique par M. Ashbell Smith.

Même recueil, tome XXXIX, 1879, p. 9.

Observations de température faites pendant les années 1876-1878 par les soins de M. Lavallée, conseiller général.

Annuaire de la Société météorologique de France, tome XXVII, 1879, p. 45.

Lettre sur le *Catalpa speciosa*.

Bulletin des séances de la Société nationale d'agriculture, tome XL, 1880, p. 268.

Icones selectæ arborum et fruticum in hortis Segrezianis collectorum. — Description et figures des espèces nouvelles, rares ou critiques de l'*Arboretum* de Segrez, par Alphonse Lavallée, président de la Société nationale et centrale d'horticulture.

In-folio, avec figures lithographiées et partiellement coloriées, par A. Riocreux et B. Bergeron. Paris, J.-B. Baillière et fils.

La 1re livraison a paru en juillet 1880 ;
La 2e, en novembre 1880 ;
La 3e, en mai 1881 ;
La 4e, en février 1882 ;

La 5ᵉ, en décembre 1882;

La 6ᵉ (posthume), en 1885.

Sur les vignes sauvages du Soudan.

Bulletin des séances de la Société nationale d'agriculture, tome XLI, 1881, p. 31.

Les Clématites à grandes fleurs *(Arboretum Segrezianum).*

In-folio de 83 pages et 24 planches noires lithographiées par Mˡˡᵉ B. Bergeron. Paris, 1884. Baillière et fils.

Discours prononcé sur la tombe de M. Decaisne.

Bulletin des séances de la Société nationale d'agriculture, tome XLII, 1882, p. 93.

Note sur une variété de châtaignier cultivée dans l'*Arboretum* de Segrez.

Même recueil, même année, pp. 97 et 462.

Sur des rongeurs qui attaquent les racines de frêne et de chêne.

Même recueil, même année, p. 113.

Sur les vignes de Cochinchine.

Même recueil, même année, p. 170.

Sur les vignes du Soudan.

Même recueil, même année, p. 180.

Sur le développement, dans des luzernières, d'une espèce spéciale, le *Medicago denticulata.*

Même recueil, même année, p. 419.

Sur l'Exposition internationale d'horticulture de Gand en 1883.

Même recueil, tome LXIII, p. 234.

Sur les vignes du Soudan et de la Cochinchine.

Même recueil, même année, p. 296.

Sur une variété de ray-grass de provenance améri-
caine.

Même recueil, même année, p. 459.

Sur un procédé pour obtenir des sujets mâles ou fe-
melles d'un végétal dioïque dont on ne possède qu'un
sexe.

Même recueil, tome XLIV, p. 40.

Sur la culture des Kakis.

Même recueil, tome XLIV, p. 51.

PARIS. — IMPRIMERIE DE JULES TREMBLAY, RUE DE L'ÉPERON, 5;
Mme Ve TREMBLAY, NÉE BOUCHARD-HUZARD, SUCCESSEUR.

www.ingramcontent.com/pod-product-compliance
Lightning Source LLC
LaVergne TN
LVHW050645060726
842527LV00004B/1481